Construya su comunidad para el éxito

Contenido

Introducción

Las recompensas tienen el potencial de ser una herramienta potente para nutrir a una comunidad a medida que crece, pero no todas las recompensas se crean por igual para quienes fomentan las comunidades. Debe ser consciente de las dos formas diferentes de incentivos. Los incentivos intrínsecos son lo primero. Esta técnica valida los esfuerzos de sus miembros sin enviar algo tangible, en lugar de enviar un producto real. Esto se puede hacer proporcionando correos electrónicos de agradecimiento, acceso a material VIP, menciones públicas, etc. Es menos probable que los miembros contribuyan solo con el propósito de recibir recompensas bajo este tipo de estructura de recompensas. Los beneficios extrínsecos son los segundos. En este escenario, proporciona a los miembros de su comunidad artículos tangibles como botín y otras cosas.

Una empresa exitosa es aquella que obtiene suficientes ingresos para obtener ganancias cada año, en pocas palabras. Sin embargo, crear una comunidad de apoyo en torno a su marca, servicio o empresa es una táctica que suele ser útil si los dueños de negocios quieren mantener ese éxito a lo largo del tiempo. Esto fomenta la lealtad y el entusiasmo de los fanáticos al brindarles a sus consumidores un espacio para comunicarse con usted, su personal y otros clientes.

Pero crear un entorno de apoyo para su empresa requiere esfuerzo y una estrategia bien pensada; no sucede de la noche a la mañana. Diez miembros del Consejo de Jóvenes Empresarios ofrecen sus mejores consejos sobre desarrollo comunitario para ayudar.

¿Cómo se crea una nueva comunidad?

Recientemente ofrecí seis lecciones clave sobre este tema. Pero soy consciente de tus verdaderos deseos: un trámite sencillo. ¿Cómo se crea exactamente una comunidad? ¿Cómo vas a empezar? ¿Cuáles son los procedimientos?

Elegí ofrecer mi método para crear nuevas comunidades desde cero porque recibo muchas veces esta pregunta.

Estos pasos se han utilizado en todas las comunidades exitosas que he iniciado. Descubrí que, ya sea que lo supieran o no, la mayoría de los enormes grupos que ves hoy también han usado estas 10 etapas para desarrollar una comunidad.

LA NECESIDAD DE LA COMUNIDAD

En términos de nosotros personalmente, nuestros intereses sociales y el bienestar general están muy influenciados por nuestro sentimiento de comunidad. Un grupo de personas que comparten intereses comunes puede ser bastante fuerte. Un proverbio común dice: "Se necesita un pueblo para criar a un niño". Si el "niño" antes mencionado fuera una marca, un pasatiempo o una organización, su valor derivaría tanto de la comunidad que ha cultivado a su alrededor como del producto en sí. Hoy, cualquier producto, pasión o negocio puede beneficiarse enormemente de esta comunidad.

La comunidad en un entorno empresarial puede consistir en clientes, clientes e influenciadores. En este momento se habla mucho de "Marketing de influencers".

¿Cómo funcionan las comunidades?

Las personas se reúnen en comunidades para intercambiar información, experiencias e historias entre sí. Como resultado, se sienten más conectados con aquellos que comparten sus pasatiempos o pasiones.

Ya podrías ser parte de una comunidad, tanto en línea como fuera de ella. Pero, ¿por qué es tan único?

Involucrar a sus clientes u otras partes interesadas en el significado más profundo detrás de su marca es su principal beneficio. Al crear un entorno en el que las personas puedan contribuir con sus propios pensamientos, experiencias y conocimientos, la comunidad ayuda en esto. También le permite hacer que su marca sea más que un simple producto o servicio, permitiendo que sus consumidores respalden la esencia de su empresa.

Corán Julie Wang sobre cómo hacer que los lugares de trabajo sean más felices

Quran Julie Wang, abogada de derechos civiles y libro más vendido del New York Times, analiza cómo cree que los lugares de trabajo podrían hacer un mejor trabajo para fomentar el placer.

La capacidad de una organización para prosperar y alcanzar sus objetivos puede verse significativamente afectada por la cultura del lugar de trabajo. Además, muchos gerentes optan por ir más allá de mejorar la cultura del lugar de trabajo y, en cambio, fomentar un sentido de comunidad que fomente una mayor participación de los empleados. Revisar los métodos para lograr este objetivo puede resultarle útil si es un gerente que busca formas de ayudar a los miembros del equipo a desarrollar relaciones más sólidas en el trabajo. Este artículo explica cómo fomentar un sentido de comunidad en el trabajo y por qué es crucial hacerlo.

¿Qué es una comunidad en línea?

Las comunidades en línea son simplemente áreas donde las personas interactúan entre sí. Las comunidades en línea se desarrollan con frecuencia en torno a valores, creencias u objetivos compartidos.

Los objetivos de su empresa determinarán el tipo de comunidad que cree. Para los participantes en un acondicionamiento físico programado para compartir conocimientos y experiencias de transformación, una comunidad para un instructor de acondicionamiento físico podría parecerse a un grupo personal de Facebook. Para un fotógrafo, puede ser un área pública donde se congregan miles de personas, intercambian recursos y comentan las fotos de los demás.

Las comunidades en línea, independientemente de la plataforma que utilice, son un enfoque eficaz para fomentar conexiones profundas entre sus seguidores, ya que le brindan a su audiencia la oportunidad de:

Cree un departamento de operaciones comunitarias dentro de su equipo

Los deberes de un administrador de operaciones comunitarias incluyen administrar, rastrear y analizar la información sobre el efecto comercial completo de su empresa. Los expertos en operaciones de la comunidad deben buscar continuamente formas de mejorar los procedimientos, las pilas de tecnología y las plataformas desde los puntos de vista de los miembros de la comunidad y del equipo de la comunidad. Se puede afirmar que un administrador de la comunidad trabaja en la interfaz de la comunidad, proporcionando contenido, moderando debates, etc. en términos de marketing o desarrollo. El especialista en operaciones comunitarias está trabajando entre bastidores para garantizar la calidad, la integridad, la consistencia, las métricas, la pila tecnológica, las plataformas de los datos y que todos funcionen juntos e independientemente.

Cree un espacio que esté abierto para que las personas se conecten

Aunque la palabra "comunidad" se usa con frecuencia en estos días, una cosa es cierta: si no está forjando vínculos profundos entre sus seguidores, no tiene una comunidad, tiene una audiencia. Es fundamental fomentar la comunicación abierta entre sus miembros y promover un debate abierto que no se centre necesariamente en que usted o su empresa establezcan la agenda. También tenga en cuenta que una comunidad es fundamentalmente un deseo humano ya que los individuos naturalmente quieren pertenecer y sienten que pertenecen. Recuérdele a su comunidad regularmente cuánto los aprecia. Tenga en cuenta que nada puede reemplazar una reunión cara a cara. Las comunidades en línea sirven como lugares fantásticos para intercambiar ideas y hacer nuevos conocidos.

LA ESENCIA DE LA RELEVANCIA

Compartir un interés común es fundamental para lo que es una comunidad. Al final, la fascinación se transforma en aplicabilidad a las circunstancias únicas de cada persona y del organizador. La relevancia crea una conexión y un interés compartido entre las partes. Ofrece un punto focal que habla de una necesidad o deseo generalizado y universal.

El entusiasmo individual es insuficiente. Incluso si alguien puede estar interesado en un determinado tema, si no está entusiasmado con él, puede ser difícil mantener ese interés en el tiempo. ¿Alguien tiene la capacidad de marcar una diferencia sustancial, incluso si está entusiasmado con un interés particular? Experiencia no es lo mismo que interés.

Lealtad del cliente y soporte mejorados

Con el tiempo, cuando sus miembros interactúen con usted, desarrollarán un vínculo más fuerte con su marca. Los clientes se vuelven más devotos a su empresa cuando sienten un sentimiento de pertenencia en las comunidades. Esto se debe al hecho de que los participantes tienen la oportunidad de participar y agregar sus experiencias, pensamientos e ideas a la conversación.

Los miembros comenzarán a sentir que tienen una participación de propiedad en la comunidad y que es su deber hacerla exitosa cuando esto ocurra con más frecuencia a lo largo del tiempo. Esto puede dar como resultado que más personas promocionen su bien o servicio, lo que ayuda a correr la voz sobre lo que hace.

¿Por qué es crucial fomentar un sentido de comunidad en el trabajo?

Para que todas las partes interesadas internas dentro de una estructura organizacional colaboren de manera eficiente y se sientan seguros de sus respectivas responsabilidades, es crucial fomentar la comunidad en el lugar de trabajo. Los niveles de confianza, respeto, empatía y colaboración entre los empleados suelen ser mayores en los lugares de trabajo que establecen comunidad con éxito. Siguiendo estos principios fundamentales, las siguientes son algunas ventajas particulares que pueden resultar de la construcción de una comunidad en el lugar de trabajo:

Sistemas de apoyo: los trabajadores que sienten que pertenecen a una comunidad pueden estar más preocupados por el éxito y el bienestar de sus compañeros de trabajo. En consecuencia, en tal entorno, los profesionales podrían tener acceso a un mayor grado de apoyo mutuo, lo que podría reducir sus niveles de estrés y aumentar su productividad.

Las ventajas de una comunidad de aprendizaje

Las principales ventajas de las comunidades de aprendizaje son:

Aprendizaje social : los estudiantes pueden aprender en comunidades ayudando a otros y planteando consultas.

Respuestas más rápidas : en las comunidades, las preguntas se abordan más rápidamente sin esperar la respuesta del instructor.

Ideas para crear cursos : Nuestros mejores diseñadores de cursos prestan mucha atención a cualquier duda o dificultad que puedan tener los estudiantes. Hacen uso de estos datos para generar nuevos materiales de curso u otras ofertas anticipándose a las demandas de sus estudiantes.

Aprendizaje basado en cohortes : el aprendizaje en cohortes fomenta el sentido de comunidad deseado entre los estudiantes al mismo tiempo que mejora el rendimiento académico. Los miembros se benefician de

una sólida red de aliados y una mayor
responsabilidad.

Dependiendo de dónde trabaje y de sus
objetivos individuales, existen muchos
métodos diferentes para organizar su
comunidad. Cada una de las secciones
específicas de la estrategia que vienen
después de esta incluye instrucciones más
completas de "cómo hacerlo".

Sin embargo, independientemente de cuáles
sean sus objetivos finales, algunos
fundamentos siguen siendo esencialmente los
mismos. Por lo tanto, lo que sigue es solo un
resumen amplio para alentarlo a considerar
lo esencial.

En primer lugar, debe incluir a las personas
en sus actividades de construcción
comunitaria. Aquí es donde comienza la
organización comunitaria. Puede lograr esto
de varias maneras, incluso a través de

conversaciones informales, solicitudes puerta a puerta y el uso de técnicas de reclutamiento más oficiales.

Crear comunidad como empresario

Sin asistencia externa, los empresarios ocupados pueden ignorar por completo sus propios requisitos. Además, sin conexión con una base de fans, una marca corre el riesgo de perder de vista su propósito.

Para un emprendedor, la comunidad puede relacionarse con dos cosas:

un equipo de compañeros confiables, parientes, familiares u otros propietarios de la empresa que ofrecen apoyo, críticas y sugerencias para que su operación funcione bien.

un grupo de seguidores de la marca y clientes que están vinculados en línea por un interés común.

La comunidad de ambos tipos es esencial para el éxito de un emprendedor. Tener un enfoque y un punto de vista externo podría ayudar al primer grupo a mantenerse conectado con el mundo exterior. Sus amigos cercanos y parientes pueden brindarle críticas sinceras sin estar comprometidos.

Use memes, GIF, emesis e imágenes de citas.

El uso de GIF, emoticones, imágenes de citas y memes, todos los cuales conforman el vocabulario del espacio de las redes sociales, es una técnica a veces ignorada para crear una comunidad. Su material se vuelve más interesante, identificable y compartible cuando se maneja adecuadamente, y su marca se vuelve más entrañable. Por último, pero no menos importante, los fans se sienten especiales cuando les ofreces promociones exclusivas. Al recompensarlos por su dedicación y participación, está expresando su preocupación por esta comunidad. Este es un ejemplo fantástico de cómo reforzar el comportamiento de manera positiva, y casi siempre da como resultado una mayor afinidad con la marca y una lealtad continua del cliente.

Principales tácticas para aumentar la participación de la comunidad

¿Puede enumerar alguna táctica de participación comunitaria que le haya resultado exitosa o algunos éxitos que haya tenido mientras trabajaba en The Alliance? Como acabo de decir, el contenido siempre ha sido y seguirá siendo un componente importante de ese aspecto de compromiso. Para algunos antecedentes, digamos que durante unos seis meses después de la introducción de nuestra comunidad inicial, Product Marketing Alliance, realmente no proporcionamos ningún artículo pagado. Para asegurarnos de que cuando tuviéramos esos bienes pagados, la gente tuviera esa confianza y respeto por nosotros, todo lo que hicimos fue brindar blogs, informes, podcasts, libros blancos y seminarios web de forma gratuita.

Los beneficios de una comunidad en B2B

Las comunidades en línea facilitan y promueven la interacción entre sus consumidores y su negocio. Su negocio se beneficiará de esto de varias maneras, incluida la reducción de los tickets de soporte, una mayor retención de clientes y la capacidad de generar nuevas ideas de productos. Considere el proveedor de software B2B Info land como un ejemplo. Al involucrar a su comunidad, pudieron mejorar significativamente el servicio al cliente y desviar un asombroso 40% de sus consultas de soporte.

Entonces, ¿ha considerado comenzar una comunidad propia? Aquí están nuestras diez mejores sugerencias para comenzar.

¿Cuánto tiempo se necesita para esto?

Todo está configurado para adaptarse a su situación. Queremos que su tiempo en la comunidad valga la pena en términos de las relaciones que establece, las lecciones que obtiene y el dinero que generará su negocio como consecuencia.

Cuando se une inicialmente, le recomendamos reservar algunas horas cada semana para leer la información. Puede hacerlo por su cuenta o mediante una experiencia de aprendizaje en vivo. Después de las primeras cuatro semanas, hablará nuestro idioma y podrá comprender cómo aprovechar la comunidad y las actividades a medida que ocurren.

A la larga, incluso durante períodos agitados, recomendamos participar en nuestro evento de planificación estacional cuatro veces al año, visitando el horario de oficina una vez al mes.

Si está tratando de hacer una diferencia en el mundo , sabe que es una batalla interminable, una que puede desgastarlo incluso cuando su trabajo es gratificante y alentador. Es posible que necesite algo de tiempo para dar un paso atrás, relajarse y recuperar el aliento en un espacio donde pueda extenderse y mirar a lo lejos.

Creamos el programador residente inesperado en respuesta a esto. Ha servido como refugio de rejuvenecimiento y retiro para quienes trabajan por el cambio social desde 1989. Nuestro principal objetivo es respetar y apoyar a las personas que dedican su tiempo y esfuerzo a lograr una sociedad más igualitaria. Si ha estado trabajando duro y necesita dar un paso atrás para evaluar

Crear una comunidad de marca fuerte es más simple de lo que imaginas.

Todas estas fantásticas comunidades de marcas tienen la característica de ser conscientes de las preocupaciones de sus audiencias objetivo. Estas 8 empresas han creado una comunidad centrada en ayudar a sus consumidores a vivir esos ideales a través de una experiencia de marca integral y satisfactoria con este conocimiento al mando.

Las comunidades de marcas más grandes del mundo brindan a sus miembros los recursos para incluir a otras personas de ideas afines en la historia de la marca, la inspiración para mantenerlos comprometidos y el poder de difundir el amor en la medida de lo posible, ya sea a través de recompensas, eventos especiales, contenido generado por el usuario como boletines o defensores de la marca.

¡No hay una comunidad mucho más grande que esa!

Sea accesible y amable.

Sea accesible, aconseja Heather Nix, directora de marketing. Tener conectividad directa con su comunidad y los consumidores le brinda una ventaja sobre las empresas más establecidas mientras recién comienza. Cuente una narrativa de marca relevante y ponga su rostro frente a su empresa.

Podría desempeñar una variedad de responsabilidades como propietario de una pequeña empresa, como brindar servicio al cliente y brindar apoyo social. Tenga en cuenta que los primeros seguidores de su marca son cruciales para el desarrollo de su comunidad. La administradora de la comunidad, Molly Milosevic, aconseja a las empresas que se tomen el tiempo para conocer a sus fanáticos de las redes sociales y averiguar qué más podrían necesitar de ellos además de su producto.

Las comunidades en línea pueden mejorar significativamente las relaciones interpersonales y las experiencias de los clientes. Sirven principalmente como un foro para el intercambio de conocimientos entre las personas. Los clientes pueden tener consultas o problemas que los locales de la comunidad pueden responder, por lo que esto es especialmente útil para las empresas que brindan productos complicados y servicios distintivos.

Además, las comunidades de Internet brindan a las empresas información útil. Los gerentes de marca pueden obtener información valiosa sobre las preferencias de los clientes interactuando de manera rutinaria con la comunidad y solicitando comentarios para informar las opciones estratégicas que mejoran las experiencias.

También se puede encontrar un sentido de pertenencia en los grupos en línea. Los clientes frecuentemente se sienten más vinculados al negocio y sus ideales cuando participan, lo que aumenta la lealtad y la felicidad.

Proporcionar un foro para usuarios con varios puntos de vista.

Si su empresa trata un tema delicado o polémico, debe abordarlo con calma eliminando las barreras de la falta de comunicación e inspirando a los empleados a ser receptivos a nuevas ideas y opiniones.

De esto se trata la misión diaria como plataforma para la comunidad religiosa. Existen creencias religiosas en conflicto entre las personas, incluso dentro de la misma religión, lo que puede dar lugar a debates tensos y una falta de comunicación más profunda. Sin embargo, el sitio web brinda a los usuarios la opción de compartir constructivamente sus convicciones y puntos de vista religiosos entre sí para que todos puedan tener una mejor comprensión de las diversas religiones.

Mejores prácticas para construir comunidades

¿Cuál sería tu mejor consejo para aquellos que buscan formar una comunidad? Se tolerante. No se llevará a cabo de inmediato. No tendrá lugar dentro de unos meses. Tardará un tiempo en completarse. Al principio, puede parecer desalentador. Podría parecer que está hablando en el aire cuando intenta aumentar la participación de la comunidad. La mayoría de las personas probablemente dejen de pensar en ello en ese momento porque creen que es una pérdida de tiempo y no les beneficiará. Pero si no se mantiene firme durante los primeros meses, nunca construirá una sociedad autosuficiente.

Usar técnicas efectivas de construcción de comunidad

Construir una estrategia comunitaria exitosa requiere tres componentes clave: aumentar el tráfico, promover la producción de contenido y activar nuevos usuarios. Incluir enlaces a su comunidad en su sitio web, en boletines de correo electrónico y en las redes sociales puede aumentar el tráfico y alentar a los usuarios a unirse. Descargue nuestro libro electrónico gratuito sobre integraciones comunitarias cruciales para obtener más consejos sobre cómo aumentar el tráfico a su comunidad. Finalmente, mejorar el SEO del contenido de su comunidad aumentará significativamente la cantidad de descubrimiento orgánico del consumidor.

¿Hay posibles subvenciones porque no puedo pagar esto?

¡Sí! Lo alentamos a enviar una solicitud para una beca si está desarrollando una empresa comunitaria, pero el precio de la membresía completa es una barrera por cualquier motivo.

Hay dos variedades:

El otro tiene como objetivo aumentar la diversidad en nuestra cohorte al alentar a las personas de color, las que están fuera del espectro de género binario y otras personas que están subrepresentadas en el espíritu empresarial a unirse a nosotros. La primera beca se basa en las necesidades y está destinada a ayudar a cualquier persona con necesidades financieras para asistir, incluidas aquellas que viven en una región del mundo con menor poder adquisitivo.

Una vez que se le haya dado permiso para unirse a BACB, podrá enviar una solicitud para una beca.

concentrando la mente

¿Alguna vez has tenido problemas para concentrar tus esfuerzos en lo importante?

El valor que todos y cada uno de los miembros de su comunidad recibe por ser parte de una red vibrante de personas que se unen para dominar algo fascinante o importante, juntos, se puede generar creando una comunidad en línea. Este valor es mágico, afirma la vida, afirma la marca y afirma la pasión.

En un mundo lleno de diversiones sin fin donde nadie tiene tiempo para aprender nada nuevo, este enfoque es maravilloso.

Planifica tus objetivos.

Primero debe tener una comprensión clara de sus objetivos antes de poder desarrollar un plan de marketing. Construir una comunidad en línea no es diferente de esto. Algunas personas pueden suponer que crear una comunidad es realmente simple. Sin embargo, la planificación es esencial, o corre el riesgo de tener una comunidad que no está comprometida y no logra logros reales.

Sea lo más detallado posible al establecer sus objetivos. Esto lo ayudará a comprender lo que debe lograr como empresa y el tipo de material y actividades que debe producir para sus miembros.

Entre los objetivos a tener en cuenta están desarrollar relaciones sinceras, crear conciencia, ayudar a los usuarios con el producto, obtener comentarios, aumentar los índices de satisfacción del cliente, aumentar las ventas, etc.

Las necesidades de tus usuarios .

Al crear una comunidad en línea, tenga cuidado de tener en cuenta los requisitos de sus usuarios, así como las razones por las que su organización lo necesita.

¿Qué buscan los individuos cuando se unen a una comunidad? ¿Cuáles son sus perspectivas? La comunicación puede ser impulsada por la necesidad de compañía, información privilegiada o soluciones a un problema.

El secreto de su éxito es construir una comunidad que pertenezca a sus usuarios, no a usted. Si bien se beneficiará de esto, para que tenga éxito, sus usuarios, y sus requisitos, deben ser lo primero. Sin embargo, puede combinar los objetivos de su organización con lo que sus consumidores encontrarán útil.

Comunidades en línea gratuitas

Existen plataformas "gratuitas" como Facebook y Twitter que brindan aspectos de una comunidad, pero usarlas tiene ventajas y desventajas.

Su disponibilidad para los consumidores sin costo y con una audiencia existente es un beneficio significativo. En otras palabras, siempre que investigue para determinar a quién desea llegar en esta plataforma, puede configurar una cuenta, desarrollar contenido y distribuirlo a sus seguidores de forma gratuita.

Sin embargo, el inconveniente es que en realidad no eres "dueño" de tu comunidad y, por lo tanto, estás sujeto a las decisiones que toman estas empresas sobre cómo la plataforma distribuye tu material a otros. El algoritmo de contenido cambia justo cuando dominas la plataforma en la que se basa tu comunidad.

Introduciendo a la audiencia a la cultura corporativa

Extender tus valores y cultura a las personas que se supone que se beneficiarán de tu producto, las personas a las que deseas servir, es uno de los objetivos de crear una comunidad en torno a tu marca.

Pregúntele a Holly cómo Holly Howard crea una consultoría que brinda a los dueños de negocios los recursos que necesitan para expandirse mientras se adhieren a su misión. Ella aborda la consultoría desde una perspectiva de cultura primero, y al considerar la comunidad, usa la siguiente comparación.

"Queremos ver la cultura corporativa como el terreno [...] Sirve como la base, todo el sustento y la fuente de estabilidad, según Holly.

Una comunidad necesita cambiar y mejorar.

Uno no puede "establecerse y olvidarse" de una comunidad. Hay momentos en que su programa necesita categorías adicionales o incluso una nueva funcionalidad. Es crucial cambiar con su comunidad si desea mantener las cosas emocionantes y agradables para todos. Para miembros más veteranos, puede ofrecer más niveles, insignias o categorías de nicho. Podrías elevar a personas confiables a una posición de liderazgo.

Usted y su negocio deberían estar en el camino del éxito si sigue la siguiente receta. ¿Tienes más consejos de éxito? ¡Coméntalos para compartirlos!

Quieres producir contenido, no diálogo.

Puede usar las nuevas historias, conceptos y experiencias que recopila al crear una comunidad en línea en su blog, esfuerzos de marketing de contenido, boletines semanales por correo electrónico, creación de libros o cursos en línea. En realidad, una comunidad hace que escribir por ti mismo sea más sencillo, ya que te proporciona más contenido.

Sin embargo, es posible que crear una comunidad en línea no le brinde la misma energía, entusiasmo o inspiración que a otros artistas si encuentra que escribir es su lugar más feliz (seguido de contar las tasas de apertura o las páginas vistas). Después de todo, una comunidad implica mucho más que solo publicar.

Para su comunidad en línea, seleccione una plataforma.

Necesita una ubicación para que su comunidad en línea se congregue. Hay varios enfoques que puede tomar aquí. Crear un grupo en un sitio de redes sociales existente es la primera opción. La opción más típica es iniciar un grupo de Facebook.

Dado que muchos de sus clientes ya están usando esas redes sociales y son fáciles de usar, esta es la ruta más sencilla.

Otra opción es iniciar su propio foro. Este foro puede ser una sección de su sitio web o un sitio web separado. El hecho de que tenga más control sobre los análisis, los datos y los miembros es un beneficio de este enfoque. Sin embargo, dado que no es parte de una plataforma de redes sociales conocida, debe publicitarla más.

Problemas relacionados con la plataforma

Usabilidad: es más probable que se utilicen las herramientas que son fáciles de usar. Asegúrese de que se pueda acceder a su plataforma desde un dispositivo móvil, que tenga una navegación sencilla y que sea sencillo iniciar sesión.

Precio asequible: muchas herramientas poderosas de la comunidad tienen una tarifa, incluso si su objetivo es hacer que el grupo sea gratuito para los miembros. Piense en una herramienta que tenga un costo de nivel de entrada razonable, que no se lleve una parte de sus ingresos y que pueda escalar con su empresa a medida que se expande.

Alineación de objetivos: Después de pasar algún tiempo examinando la lógica detrás de la existencia de su grupo, necesita tener una idea sólida de las características que le permitirán alcanzar sus objetivos.

Plataformas comunitarias de su propiedad

La plataforma propia, como un foro comunitario, viene a continuación. Todas las ventajas de una plataforma de redes sociales están disponibles en este espacio, que es controlado por la empresa. Sin embargo, tiene mucho más control y libertad sobre cómo interactúa con sus usuarios. Puede controlar una comunidad propia, por ejemplo, si inicia un blog o sitio web con un foro o un área de comentarios para sus visitantes.

Una comunidad en propiedad tiene ventajas y desventajas, tanto como las comunidades libres. Esta vez, comencemos con el inconveniente: desde el punto de vista de la audiencia, estás comenzando desde cero. Las comunidades propias le brindan más control sobre los mensajes de su empresa, pero antes de que los clientes conozcan su comunidad,

Sin involucrar a su personal, es imposible hacer crecer su cultura corporativa. Será un desafío comunicar la cultura de su empresa a una audiencia si sus empleados no la aceptan.

"La comunidad externa y la cultura interna de la empresa deben reflejarse mutuamente [...] Los empleados, en mi opinión, no pueden brindar una experiencia que no hayan tenido ellos mismos. Por lo tanto, debemos asegurarnos de brindar la misma experiencia internamente si están vendiendo esta experiencia a nuestra comunidad, dice Holly Howard.

Kelly Phillips, cofundadora del colectivo de restaurantes Destination Unknown, apoya la idea de construir una cultura interna fantástica que contribuya a su comunidad exterior al cambiar activamente la cultura de los trabajadores de servicio en sus establecimientos.

La siguiente etapa es construir un plan fundamental. sobre cómo producir el valor que está buscando después de haberlo definido. Debe desarrollar una estrategia fundamental que describa cómo involucrar a los miembros, qué temas enfatizar, cómo aprender y mejorar las muchas actividades que realizará. Sin embargo, cualquier estrategia o plan debe ser rápido y fácil de implementar. Aunque debe ser realista y elegir las próximas acciones urgentes que lo ayudarán a verificar su hipótesis y fomentar la comunidad, debe mantener la vista en el panorama general (la visión general).

Una comunidad de marca: ¿qué es?

Una comunidad de marca es, en pocas palabras, el epítome de la lealtad a la marca. Las personas que están emocionalmente involucradas en su negocio le comprarán, leerán su material, correrán la voz sobre usted entre sus amigos y familiares, y más.

Sin embargo, el conocimiento de la marca no es lo mismo que una comunidad de marca.

Alguien no es automáticamente miembro de una comunidad de marca comprometida o incluso capaz de participar solo porque conocen su marca o han realizado una compra en ella.

En cambio, la comunidad de su marca consiste en personas a las que les gusta ver todo lo que hace su marca, que comparten sus productos/servicios y contenido con otros, y que siguen todo su material en las redes sociales.

Proporcione una plataforma para su comunidad

Necesitará una plataforma en la que pueda transmitir su mensaje, así como un lugar en el que su comunidad pueda congregarse, comunicarse e interactuar tanto con su startup como entre sí a medida que establece su comunidad previa al lanzamiento.

Las redes sociales son un claro ejemplo. Para cualquier startup, es esencial desarrollar una fuerte presencia en las redes sociales. Este puede ser un medio de comunicación social específico de la marca , o puede comenzar a cultivar su comunidad en sus cuentas personales de redes sociales.

Se pueden usar las siguientes plataformas de redes sociales: grupos de Facebook, Reeditar y subeditar, Integra, Interest, Twitter y YouTube. Pero no todas las plataformas de redes sociales son iguales. Por ejemplo, Interés podría no ser lo ideal si su negocio se enfoca principalmente en los hombres.

Las convenciones varían dependiendo de la audiencia.

También puede haber costumbres particulares para audiencias particulares, lo que solo sirve para complicar aún más las cosas.

Un candidato reciente dijo que el compromiso había disminuido drásticamente después de cambiar de Discourse a su plataforma de fuerza de ventas vinculada. En cambio, los desarrolladores habían comenzado a usar un canal de Slack alojado por miembros.

¿Por qué ocurrió eso?

Discourse proporciona características que los desarrolladores prefieren y con las que están más familiarizados, ya que es mejor para los desarrolladores. Los desarrolladores emplean Discourse con frecuencia y esta práctica es comúnmente aceptada. Las inclinaciones naturales suelen ser más fuertes que las tuyas, por lo que es probable que pierdas.

Similar a esto, recientemente disuadí a un desarrollador de juegos de establecer un foro donde los jugadores pudieran reunirse y hablar. En pocas palabras, los jugadores ya no se congregan allí. Les gusta Reedit, Discord y otros lugares.

Encuentre una meta en la que todos los miembros puedan estar de acuerdo.
El primer paso para crear un compromiso durante todo el año es definir un sentido de propósito que suene verdadero todos los días del año.

La directora de productos de Notified, Allie Magyar, comenzó como planificadora de reuniones. Luego fundó su propia empresa de tecnología de eventos y se asoció con Notified. Ella afirmó en un seminario web reciente organizado conjuntamente con la Asociación Estadounidense de Marketing:

"Como especialistas en marketing, con frecuencia estamos atrapados en un término medio entre lo que nuestra empresa quiere comunicar y lo que los clientes están realmente interesados". intersecarse."

Antes de intentar encontrar la intersección de las dos carreteras, examine a los muchos miembros de la audiencia que están sentados detrás del volante.

Una comunidad de marca existe para beneficiar a sus miembros.

Los gerentes con frecuencia pasan por alto el hecho de que los clientes son individuos genuinos con diversas demandas, intereses y obligaciones. En lugar de generar ingresos, una marca basada en la comunidad desarrolla la lealtad del cliente ayudándolos a cumplir con sus requisitos. Sin embargo, contrariamente a lo que los especialistas en marketing creerían, los requisitos que las comunidades de marca pueden cumplir van más allá de adoptar una nueva personalidad o lograr prestigio a través de la identificación de la marca. Las personas se unen a las comunidades por varias razones, incluido el desarrollo de intereses y habilidades, obtener apoyo emocional y aliento, y buscar métodos para ayudar al bien común. Las comunidades de marca son una herramienta para los miembros, no un objetivo en sí mismo.

¿Por qué es importante la comunidad en el lugar de trabajo?

¿A qué viene tanto alboroto cuando mi equipo parece lo suficientemente contento y estamos a tiempo para alcanzar nuestros objetivos? Es una excelente consulta. En la superficie, las cosas pueden parecer estar bien, pero profundizando un poco más, y con frecuencia, la situación es bastante diferente. Más aún en equipos híbridos donde las pantallas de las computadoras pueden servir como impedimentos para fomentar las comunidades en el lugar de trabajo.

Un tercio de los trabajadores estadounidenses dice tener una sensación de vacío o alienación en el trabajo, según un estudio de Cigna. La encuesta proporciona información sobre cómo la soledad afecta a las empresas. El resultado final se ve gravemente afectado por la disminución de la productividad, el aumento de las enfermedades, el ausentismo y la rotación. La conclusión del informe dice: "Si podemos comenzar a interactuar con las personas en el trabajo de manera más exitosa.

Fomentar la participación

Fomente las conversaciones y aumente el compromiso a través de varias plataformas como otra estrategia para crear una comunidad para su marca. Las redes sociales son una herramienta realmente potente y un método fantástico para comunicarse con los fanáticos de su empresa. Para hacer crecer la comunidad, puede realizar encuestas y concursos o distribuir un boletín semanal o mensual a los suscriptores de correo electrónico. Podrán mantenerse informados de todo lo que sucede en su empresa mientras se divierten de esta manera.

Imagina un barrio como un árbol . Para que el árbol crezca, debes plantar las semillas y cuidar las raíces todos los días. Las semillas simplemente se marchitarán sin cuidado ni agua.

Las comunidades en línea han existido por un tiempo. Sin embargo, falta una referencia definitiva sobre el procedimiento paso a paso para escalar y expandir una comunidad.

Hay información por todas partes, pero hasta el día de hoy, nadie ha dejado realmente claro cómo desarrollar una comunidad.

Hay varios factores que intervienen en la creación de una comunidad exitosa, incluida la selección de la mejor plataforma, el reclutamiento de los primeros miembros, la celebración de eventos y la moderación. Tenemos todo cubierto.

No olvides que YouTube es una plataforma de redes sociales.

Es simple referirse erróneamente a YouTube como solo un sitio web que aloja videos al creer que se trata exclusivamente de videos.

Sería incorrecto ver YouTube a través de esa lente, especialmente si desea crear una comunidad.

Debe tener en cuenta que, si bien las personas pueden visitar YouTube por contenido, con frecuencia regresan a un canal de YouTube en desarrollo en particular por el sentido de comunidad y conexión si desea tener éxito en la creación de una comunidad de redes sociales en la plataforma.

De manera similar a como lo haría en cualquier otra plataforma de redes sociales, con frecuencia es posible medir este sentido de comunidad y conexión observando la interacción en lugar de las vistas.

Por qué deben preferirse las comunidades virtuales a las redes sociales

Las personas se están alejando de las redes sociales como Facebook por una variedad de razones, incluida la difusión de noticias falsas y discursos de odio, preocupaciones por la privacidad y fatiga publicitaria.

Las empresas inteligentes han tomado nota de este desarrollo y han desarrollado comunidades exclusivas donde los usuarios pueden interactuar en un entorno seguro y construir relaciones más profundas. Numerosas empresas incluso han dejado de usar Facebook para su publicidad, como Levi's y Hershey's, lo que subraya la tendencia a alejarse de las redes sociales.

De hecho, una gran cantidad de investigaciones demuestran que las comunidades en línea pueden proporcionar a las empresas una ventaja competitiva considerable. El lanzamiento de su red ayudó a la empresa de herramientas eléctricas DEWALT a ahorrar $6 millones en gastos de investigación.

¿Por qué crear una comunidad de marca?

Puede avanzar de muchas maneras con la ayuda de una comunidad de marca. Es el secreto del marketing eficaz, ante todo. Los miembros no solo ayudan a correr la voz, sino que también brindan un toque humano a su narrativa. Le dan a la comunidad un toque personal y demuestran a los demás que ellos también pueden ser parte de ella.

En segundo lugar, obtiene acceso inmediato a las personas que realmente cuentan: su mercado objetivo. Su comunidad de marca se puede utilizar para probar nuevos productos o servicios, obtener comentarios sobre conceptos de diseño y tomar decisiones más informadas y centradas en el cliente.

Es crucial tener en cuenta que ya existe una comunidad para su marca en algún lugar.

Determina tus objetivos.

Debe crear objetivos para todo su negocio, no solo para SEO, contenido o redes sociales, con la esperanza de que esté harto de escucharme repetirlo en este momento. Estos objetivos sirven como piedras angulares de la estrategia y la dirección de su empresa (no solo en términos de marketing o participación comunitaria).

Puede establecer objetivos grandes y audaces para su negocio que sean más visionarios, así como metas de proyecto a corto plazo más manejables que tenga en mente para crear cosas, construir cosas y, en general, hacer las cosas que le gustaría hacer. Combina los dos. Puede organizar y priorizar estas tareas cuando llegue a la sección en la que está creando su estrategia.

¿Cómo puedo publicitarlo?

Trate a su comunidad como lo haría con cualquier otro producto y cree una hoja de ruta para futuras mejoras.

Creo apasionadamente en utilizar la capacidad de las comunidades para fomentar un sentimiento de comunidad y animar a compartir. Por lo tanto, creo que es crucial mantener eso en el centro de la creación de una comunidad. Las personas están más inclinadas a difundir las noticias y reclutar personas para su causa si sienten que pertenecen.

Por ejemplo, una vez trabajé como voluntario en Techs tars como organizador y facilitador global, organizando o facilitando Startup Weekends en todo el mundo. Mi interés inicial por las empresas y la tecnología surgió cuando participé en mi primer Startup Weekend hace años.

Mantener su participación es crucial después de tener miembros en su comunidad en línea . Esto puede tomar muchas formas diferentes y también dependerá de las motivaciones de cada miembro para querer participar y ser un miembro activo. La base de una gestión eficaz de la comunidad en línea en un entorno de investigación es proporcionar a sus miembros una amplia gama de actividades. Todas estas acciones se remontan al objetivo que tiene para el barrio y sus proyectos de investigación más amplios. Estás haciendo encuestas para que los miembros las completen en el centro. Uno de los métodos más simples para involucrar a sus miembros es a través de esto.

Haz uso de las redes sociales.

A todos nos gusta interactuar con personas comparables, y la accesibilidad y el alcance de las redes sociales nos han permitido ubicar a nuestras tribus tanto en el país como en el extranjero. Además, te entusiasma interactuar con el material de alguien cuando te conectas con ellos.

Los padres pueden seguirse unos a otros por sus divertidas historias y consejos para padres. Los amantes del fitness comparten sus planes de entrenamiento y los fabricantes de ropa preferidos. Los amantes de la comida recomiendan restaurantes y comparten deliciosas recetas con otros entusiastas de la comida. La lista continúa.

Las redes sociales son la plataforma ideal para crear una comunidad fuerte porque los usuarios ya están involucrados con estas subculturas allí. Entonces, adáptese a donde está su audiencia.

La calidad debe preceder a la cantidad

Cree un conjunto de estándares de calidad y respételos. Aunque puede ralentizar la expansión de la comunidad, hacer esto será lo mejor para todos. Además, fomentará un sentido de exclusividad. Con frecuencia puede emplear el factor calidad como apoyo para la promoción de su comunidad. Naturalmente, esto significa que de vez en cuando tendrás que decir que no. Si esto sucede, sea cortés y explique su decisión en detalle. Establecer y mantener estándares de calidad es un componente esencial de nuestra oferta de servicios y para los consultores de nuestra comunidad dado que operamos en la industria de la consultoría.

Hacer uso de embajadores de la marca

Sin pasarse del presupuesto, los embajadores de la marca pueden generar tanta publicidad para su empresa como personas influyentes. Su marca puede recibir millones de impresiones gratuitas gracias al contenido generado por el usuario que sus devotos seguidores pueden proporcionar, todo mientras expande enormemente su comunidad. A los consumidores de hoy les gusta interactuar y promocionar sus empresas favoritas en las redes sociales. Además, los programadores embajadores permiten que sus seguidores más fervientes promocionen su negocio y sus artículos en su nombre. Estos clientes devotos con frecuencia obtienen beneficios como un kit de bienvenida con productos de la marca, la oportunidad de publicar sus reseñas en las redes sociales y la opción de organizar sorteos. A cambio, ayudan a su empresa a crecer.

Aumentar el valor de por vida de cada cliente

En la era actual de organizaciones centradas en el cliente, el éxito de una empresa depende en gran medida de su capacidad para retener a los clientes.

Muchas empresas todavía creen que surgir y hablar con el cliente por correo electrónico aumentaría la lealtad. Cuando, de hecho, construir conexiones genuinas basadas en la confianza es de lo que se trata la lealtad.

Las comunidades virtuales privadas fomentan las conexiones positivas entre pares y marcas.

Los clientes pueden impactar el camino del negocio a través de las comunidades de clientes al intercambiar opiniones y pensamientos sobre bienes y servicios. Esto fortalece su relación con ellos y aumenta su lealtad al convertirlos en un aliado y componente crucial de su empresa.

Considere las plataformas correctas

Puede encontrar las mejores plataformas para implementar su plan después de haber creado los fundamentos del mismo. Hay varias opciones disponibles aquí, que incluyen:

Las redes sociales son el mejor lugar para crear una comunidad de marca, ya sea que utilice su propio perfil de marca o inicie un grupo. Puede compartir rápidamente contenido generado por el usuario y la marca, iniciar conversaciones y difundir un rumor general en la comunidad con el potencial de un enorme alcance.

Premios y referencias: fomenta la lealtad al otorgar premios como puntos por compras u ofertas y descuentos exclusivos para los miembros. Otorgar un incentivo financiero por cada referencia realizada es otra forma de promover el crecimiento de la comunidad.

Comience a trabajar en su plan ahora que ha sido escrito. Asegúrese de que exista el seguimiento y la medición adecuados para que pueda obtener información sobre sus KPI. Luego, apéguese a su plan y actúe de manera consistente. Las personas de su equipo (y de otros equipos) seguirán acercándose a usted con ideas que parecen estar surgiendo pero que en realidad no son parte del plan. Esta es tu oportunidad de decirles que "verifiquen los objetivos, bebé" (así como la estrategia que han desarrollado para llegar allí). Habrá situaciones (situaciones sensibles al tiempo) que podrían requerir que cambie su plan de acción.

Empresas que sobresalen en el compromiso con la comunidad

Aunque no he visto muchas empresas crear comunidades dirigidas especialmente por gerentes de producto, he visto varias que son excelentes para conectarse con sus fanáticos de varias maneras.

La palabra "comunidad" tiene hoy en día una amplia gama de significados. Por ejemplo, clasifico los podcasts, blogs y foros de discusión como comunidades en línea. Al igual que los grupos presenciales tradicionales, fomentan la interacción, provocan el diálogo, motivan la acción y promueven el intercambio.

Aquí hay varias empresas que han desarrollado comunidades fantásticas, cada una de las cuales se adapta a las preferencias y demandas de su propia audiencia:

La siguiente fase en un plan de administración de una comunidad en línea es seguir haciendo crecer su comunidad . Has establecido una comunidad y tienes fuertes niveles de participación. Aumentar el número de miembros que tiene garantizará que siempre escuche nuevas ideas de los miembros. Mantendrá a su comunidad viva y activa y evitará que se vuelva obsoleta con el tiempo. Incluso las comunidades más exitosas experimentan tiempos de desgaste en los que deben reconstruir su comunidad y traer nuevos miembros. Para asegurarse de continuar obteniendo el conocimiento que necesita para su estudio, es crucial continuar con esto e incluirlo en su plan para administrar su comunidad en línea.

Habla el idioma de tu comunidad

Cada comunidad tiene un miembro fundador. Deberías ser el mejor ciudadano de tu vecindario. No podrá comprender sus demandas y brindarles servicios genuinos de valor agregado si no comprende cómo actúan, piensan y sienten los miembros potenciales de la comunidad. Dada mi propia experiencia como consultor independiente, crear una red de ellos fue considerablemente más simple. Pude comprender muy bien las dificultades de ser consultor y agregar mis propias experiencias a los diálogos.

Cada comunidad es obviamente única y su administración debe ajustarse adecuadamente, pero no importa qué tipo de comunidad desees crear, debes aprender su idioma.

Para un mayor control, use plataformas comunitarias de marca.

Lo primero que viene a la mente cuando la gente piensa en crear una comunidad en línea es utilizar las plataformas de redes sociales como su plataforma; sin embargo, tienen una serie de limitaciones, por lo que es preferible utilizar plataformas comunitarias de marca. Si bien son gratuitos y ofrecen los beneficios de las búsquedas entre servicios, los servicios de redes sociales como LinkedIn y Facebook no le brindan un control total sobre el sitio web, lo que significa que los anuncios y otros mensajes pueden convertirse en una distracción. Las plataformas comunitarias de marca, como Thinfic, son administradas completamente por sus propietarios, quienes tienen control total sobre la marca, el acceso y la publicación de contenido. Además, las plataformas de marca no tienen las distracciones que son comunes en las gratuitas.